Théa Rojzman & Anne Rouquette

Émilie voit quelqu'un

Après la psy, le beau temps ?

FLUIDE GLACIAL

À nos mères.

Anne Rouquette

À ma névrose au long cours, so long baby.

Théa Rojzman

Bien.
Alors,
Qu'est-ce qui vous amène ici ?
Euh...
Je vous le dis tout de suite :
si vous êtes venue chercher un arbre pour vous accrocher aux branches,
vous vous êtes trompée de personne.
Euh non je...
Je ne suis pas un arbre, encore moins une branche.
Oui madame.

Bon, alors. Qu'est-ce qui nous arrive ?
Je crois que je commence une dépression.
Pourquoi dites-vous "commencer" ?
Euh... je ne sais pas...

scriiitch
scriii
scriitch
iiitch
Je ne suis pas une BRANCHE t'entends?!
Trois semaines plus tôt...
Je viens d'avoir trente ans et j'ai envie de mourir tellement je n'arrive à rien dans ma vie. Voilà ce qui nous arrive.

Romain, voilà...
... euh, comment te dire...
ECO COCO
J'ai bien réfléchi, tu sais, et...
Je t'aime bien mais ...
...
Oui ma chérie, tu es belle ! Mais pousse-toi, je ne vois pas bien la télé.
Mais pourquoi tu regardes une émission de cuisine alors que tu détestes cuisiner !
PAF !
HAHA le con !!
Il a mis le four à 180°, il sera jamais dans les temps !

GRATT
GRATT
COUSCOUS
Choco Born

J'ai essayé de te parler mais tu ne m'écoutes pas.
TAP
TAP
TAP
ENVOYER
Tip
TOC TOC
ouioui coucou,
je t'ai vu.
Je te quitte, ne m'en veux pas. Sois heureux.
TAP
TAP
GRATT GRATT
ENVOYER
Euh Emil'...

Tu viens d'envoyer un message à la mauvaise personne.
HA HA ! Moi aussi ça m'est déjà arrivé.
Je m'étais trouvé con !
Il était pour TOI ce message.
VVLAAN
CRAC
CRIC

Ça va ? Tu tiens le choc ?
TOC TOC
Mais quel gamin, j'en ai marre !
Tu veux que je te dise, Romain ? Tu prends tes affaires et tu dégages ! OK ?
Mais c'est chez moi, Emilie.
Ah ouais ??
...
FRAGILE
N°14
DÉMÉNAGEMENT

Tu sais quoi ? On pourrait se donner une seconde chance.
Tu crois pas ?
Comme tu voudras, Minibelle.
Tu veux une bière ?
Il est 10H30 Romain.
oui, mais c'est le week-end.
Excuse-moi, j'y retourne !
Ils doivent cuisiner un homard dans une montgolfière, C'est trop délire !
GRATTE GRATT
AÏE merde
KRRR
TOC TOC

Mais tu vas rester combien d'années avec ce loser ?
Ça ne fait que deux ans, quatre mois et trois jours.
Ça va encore.
N'importe quoi ! C'est un boulet. Réveille-toi !!
AH mais arrête de te gratter comme ça. C'est super crade !
GRATT GRATT
Tu veux un Mojito ?
Il est 14H Mélanie...
Oui, mais c'est le week-end.

Et t'es super déprimée, là, non ?
Bah, je ne sais pas trop...
Tom chéri
tu peux nous apporter deux Mojitos ?
GRATT GRATT
Voilà ! Donc on va boire un Mojito.
et puis c'est tout !
Tu vois, lui, ça fait cinq heures, vingt minutes et trente secondes
et je l'ai déjà plaqué.
Ça existe en "double on the rock" les Mojitos ?
C'est pas un loser, Romain. Il souffre, c'est tout.
ouais.

Je les repère de loin les gens qui souffrent, t'as vu ?
C'est clair.
Mais cette pétasse de Mélanie a raison : c'est pas un mec pour toi.
Je sais mais le problème c'est que j'adore son appart.
Il n'est pas cher en plus. À deux ça te fait un loyer tranquille.
C'est clair.
Tu ne te grattes plus ? Tu as trouvé une pommade ?
Non.
C'est l'effet de l'alcool, je ne sens plus rien.
Cool.

BAM
BASTA !! Mon temps social est écoulé !
Cassez-vous de mon épaule, couple de merde !!
J'aime pas les gens qui s'aiment.
Je vais rentrer, j'ai école demain.
PSCH
Je ne sais pas comment tu fais pour bosser, moi ça me dégoûte.
Je crois que j'ai un truc qui cloche, genre la thyroïde.
J'adore trop ce mot. Il faut absolument que j'en fasse un poème.
CHIPS
Fais gaffe, tu gliffes, et ve m'y connais en gliffades.
CHIPS
Je m'appelle Emilie Jolie
Je m'appelle Emilie Jolie
Je voudrais partir avec vous tout au bout du ciel
sur vos ailes
GRATTE
GRATTE

BIP BIP
1:00
Z Z Z Z
N°14
bouquins N°14
pulls
BEUU

AAAAOAA
Tu me feras toujours craquer avec tes fringues de Mary Poppins.
Arrête avec ça, c'est pas un déguisement.
GRATTE
GRATTE
C'est quoi alors ?
BEUUU
Euh...
Ta gueule.
PFFF

Pauvre fille !
PAF
SMAC
Hiiiii
Non mais ça va pas, espèce de porc !
EH OH
C'est pas à vous que je m'adresse ...
mais à votre adorable petite voiture !
TOCARD
CLIC
D'ici là jailliront des cascades
D'ici là vogueront les obscurs,
D'ici là glisseront les combats
D'ici là j'aurai découvert
Lequel de mes plusieurs
Sera à même de la sauver.

C'était "2043" d'Alain Bash
CLIC
ECOLE PRIMAIRE LOUIS VUITTON

Salut ! T'es nouvelle ?
Bonjour madame Geoly
GRATTE GRATTE
Emilie
Salut ça va ?

Bof, j'ai la nausée...
Han mais tu sais que ça peut être grave, ça !
Google : symtome naussée
Tu as peut-être une Gastroentérite, une Intoxication alimentaire ou médicamenteuse.
Non.
Il y a aussi "Méningite, Encéphalite, Insuffisance Surrénale", mais si c'est surtout le matin ça peut être une Hypertension intracrânienne qui nécessite une hospitalisation d'urgence !!
Ça y est... je sens que ça me prend aussi
AAAAH j'ai envie de vomir...
Cherche à "Hypocondrie", tu devrais trouver des trucs.

Attends attends! J'ai trouvé : tu as un syndrome
de TAG !
PSCHH
De quoi ?
De T.A.G.
"Trouble Anxieux Généralisé."
"Le T.A.G est un état d'anxiété permanente qui dure depuis au moins six mois et n'est lié à aucune situation en particulier. C'est une inquiétude excessive de tous les moments de la vie quotidienne : professionnelle, familiale, affective et sociale."
À mon avis, t'as ça.
BEURP
... ou ça peut juste être une gueule de bois aussi...
DRiiiiiiiiiii

Riiiiiiriiiiing!
Je ne m'y ferai jamais à cette sonnerie.
Eh ben moi si ! J'ai suivi une formation « adaptation à son environnement ». Regarde, leur site est très ...
LÂCHE-MOI AVEC TON PUTAIN DE SMARTPHONE professeur Gougueul !!
T'es folle ! C'est un Aïephone® dernière génération.
Ne l'écoute pas, mon chéri, elle ne sait pas ce qu'elle dit...
Je crois qu'elle nous fait une petite dépression.
T'as dit quoi là ?

*référence à FABCARO ("Le Steak haché de Damoclès", éd. La Cafetière)

Madame, ça s'écrit pas comme ça "cahier"!
nez vos cayers.
Bravo Valenti tu as mérité d'enlever ton bonnet d'âne
nez vos cayers.
Bravo Valentin as mérité enlever ton bonnet d'âne.
Donne-le à Nassima
Mais j'ai rien fait madame.
OUUIINNN
SNIF
SNIF
BOUHOUU
SNIF
Lundi 17 septembre
Le monde est fait d'injustices.
Il faudra vous y faire.
OUUIIN
BOUHOUU
SNIF

x 54
C'est cool qu'on se soit remis ensemble.
Super cool.
Si tu pouvais t'en aller de chez toi, ça m'arrangerait.

Bi BIP
GRAT GRAT
Thérèse
DÉCROCHER
Bi BIP
Pfff
Allô ?
Salut p'tite soeur !
Salut Thérèse. Au fait, je suis ta grande soeur.
SUPO
AULIT
AH AH c'est vrai ! J'oublie toujours.
Je t'appelle parce que j'ai fait un tri dans les affaires des petits. Je t'ai gardé tous les trucs "premier âge" des garçons.
Ils sont trop usés pour ma dernière.
Les vêtements de qui ?
T'es conne ou quoi ?
Ah oui, pardon, tes enfants.

Tu veux aussi un tapis de jeu ? J'en ai deux.
Mais enfin... dois-je te rappeler que je ne suis pas enceinte ?
Justement ! C'est pour te rappeler d'y penser ! Tu viens d'avoir 30 ans ma belle.
RACCROCHE
G+ de batterie, à samdie

Toc
Toc
PAF
?
Oh mon Dieu qu'est-ce que j'ai fait...

Va te coucher, c'est l'heure !
Mais je dors déjà, madame Poppins.
La réveillez pas
La réveillez pas
C'est grave mademoiselle.
C'est à force de me gratter je crois...
Je dislike.
SAMU

C'est L'HEURE!!
Ne me réponds pas! Petite insolente!!
Il faut que je dorme...
Il faut que je dorme jusqu'en deux mille quarante-trois
AAAÏE
Moi non plus, je n'aime pas!!
SPOUITCH

je vais mal que dois-je faire ?
J'entends mal, que dois-je faire ?
Quand faut-il se quitter ?
Depuis ma rupture avec mon ex depressif, je me sens mal...
Prières à Dieu dans la souffrance
Démotivation au travail : faut-il partir ou rester ?
Recherches associées à je vais ma
je vais mal sans savoir pourquoi
je vais mal sans raison
je vais mal en anglais
je vais mal bien
je vais mal mais person
je vais mal citation
je vais mal dépression
je vais mal sans raison
Se suicider: 9 choses à faire avant

REGRET : Citations & Proverb
Comment savoir si on a un cancer ?
Les Fleurs du Mal – pag
Voies aérodigestives supérieures : ces cancers sont généralement causés par des années d'alcool + tabac.
Ils touchent la langue, la gorge, les cordes vocales...
GLOUPS
...Une toux persistante de plusieurs semaines peut en être un signe...
KEUH KEUH
... votre voix peut également être modifiée...
BA BO BI
Mmhm
pff !
Conneries.

GRATT GRATT
Le lendemain.
HIiiiiii
Ohlala, tu sais pas ce qui m'arrive !
Au journal ils m'ont demandé d'écrire sur les chiens de stars. J'étais trop JOUASSE, tu sais comme j'adore ces petits amours pleins de poils ! Et DEVINE chez QUI ils m'ont envoyée ? Chez le PÈRE FOURAS de Fort MACHIN !! Non mais la GUEULE du PEOPLE quoi.
Quand j'ai vu son clébard
j'ai e
per
peur
était
comm
moche,
chauve
barbe
filasse
et il
bavait
moi
je suis
je
me sou
moi
Je n'entends plus rien, je n'entends plus reen...

T'as une otite ?
Pourquoi je t'ai demandé de me retrouver ici ?
Parce que tu es super mal et que tu as besoin d'en parler.
Et donc ?
Tu veux tirer une latte ?
Goyave-abricot ! C'est trop swag ce parfum.
Non merci, ça ne me branche pas plus que ça de téter ta clé USB.
Ma quoi ?
Laisse tomber.
J'y go, je dois rentrer mourir le chat.

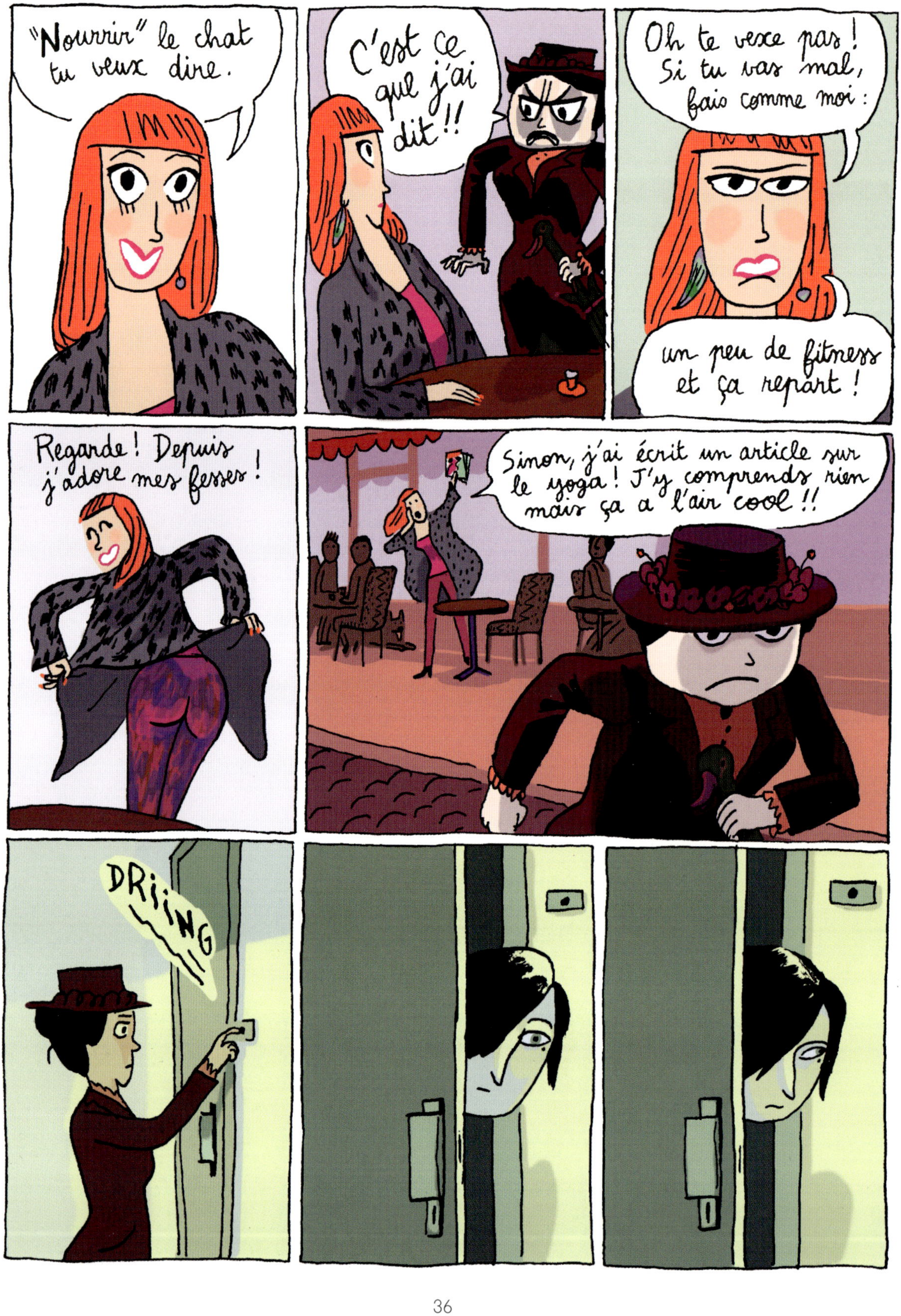
"Nourrir" le chat tu veux dire.
C'est ce que j'ai dit !!
Oh te vexe pas ! Si tu vas mal, fais comme moi :
un peu de fitness et ça repart !
Regarde ! Depuis j'adore mes fesses !
Simon, j'ai écrit un article sur le yoga ! J'y comprends rien mais ça a l'air cool !!
DRIiiNG

Entre.
Je ne te dérange pas ?
Au contraire ! J'étais en train d'écrire un poème merdique.
Tu me tires de ma pitoyable médiocrité.
Viens, assieds-toi !
Tu veux un Jack ?
Bah j'ai déjà une bière...
Ah oui pardon.
Alors, ça ne va pas mieux ?

C'est passé au stade "grave" ?
OK.
Tu dors ici ce soir.
C'est horrible comme elle est trop géniale cette série.
Je suis trop addict !
mh...
MARS
Tu sais, je réfléchis là...
et je ne vois pas comment tu pourrais te sentir mieux. T'es au fond du trou !
mh...

Et tu vois, ça nous rapproche encore plus ! Tu vas presque aussi mal que moi...
C'est génial !
Déjà toutes petites on était pareilles, tu te rappelles ?
Et si on se suicidait ?
On pourrait faire une belle cérémonie, un truc de dingue avec un tapis de roses noires et un orchestre baroque !
J'ai envie de vomir...
C'est normal, ça me le fait aussi, surtout quand j'ai bouffé le frigo ! AH AH AAH
AAAHR
Ohlala ça va être horrible !! Je suis si contente.

Ça va ?
ouioui, ça va...
... non ça ne va pas...
... Je le vois bien, tu sais.
Tu me dragues encore, là ?
Mais... on est un peu amis, non ?
Enfin... collègues ?
Je me suis renseigné : tu fais une dépression, c'est évident !
Meuh non...
WIKI-PÉDIA
Ecoute. J'ai fait option psycho à la fac, je sais de quoi je parle !

La dépression qu'est-ce que c'est ?
La dépression n'est pas un simple mal-être existentiel ou un coup de déprime.
C'EST UNE MALADIE CARACTÉRISÉE PAR DES SYMPTÔMES BIEN DÉFINIS.
état normal
état dépressif
AU NIVEAU PSYCHIQUE, OUTRE UNE TRISTESSE INTENSE ET LA PERTE DE L'ESTIME DE SOI, LA DÉPRESSION PEUT ENTRAÎNER UNE BAISSE DE L'ATTENTION ET DES PENSÉES NÉGATIVES VOIRE MORBIDES.
NIVEAU PHYSIQUE, ELLE PEUT ÊTRE À L'ORIGINE D'UNE FATIGUE PERMANENTE,
D'UNE PERTE DE L'APPÉTIT...
ET D'UNE BAISSE DE... hum ...
...LA LIBIDO.
ELLE PEUT AUSSI CAUSER DIVERSES DOULEURS TELLES QUE MAUX DE TÊTE, NAUSÉES ET ENGENDRER DES GRATTAGES DE BRAS.

"Grattages de bras" ? Ils ont vraiment écrit ça ?
Non, je l'ai ajouté... mais c'est tellement évident !
T'en fais une drôle de tête ?
Je crois que je fais un glissement de terrain...
Ça te parle, hein, tout ça ?
GRATT GRATT
je ne sais pas trop...
Tu recommences, SYMPTÔME !!!
OK, OK. Tu as peut-être raison...

Attention les yeux, maintenant les SOLUTIONS !!
Bon, y a plein de trucs... mais le mieux reste d'aller voir un psy !
Un psy ? Non mais ça va me soûler !!
Payer un mec pour qu'il s'endorme quand je lui parle, non merci !
Mais attends, y a psy et PSY !!
Y a plein de méthodes différentes tu en trouveras forcément UNE qui te correspond !!

Les différentes formes de psychothérapies.
Alors vous avez l'HYPNOSE,
... LES THÉRAPIES PSYCHOCORPORELLES ET ÉMOTIONNELLES QUI DÉCRYPTENT LES MESSAGES DE LA SOMATISATION ET TRAVAILLENT SUR LE CORPS.
VOUS AVEZ LA PSYCHANALYSE BIEN SÛR... ICI ON S'OCCUPE SURTOUT DES PHÉNOMÈNES INCONSCIENTS ET DES CONFLITS PSYCHIQUES.
ON S'ATTACHE À L'ENFANCE
ET À SES ÉTAPES DANS LE DÉVELOPPEMENT DE LA PERSONNE ADULTE.
Vous avez aussi les thérapies EXISTENTIELLES, proches de la psychanalyse mais davantage portées sur le présent et les phénomènes conscients...

Tu as les T.C.C. : "Thérapies Cognitivo-Comportementales", c'est encore autre chose.
Dans les T.C.C. on ne cherche à guérir que les symptômes, on ne s'occupe pas des causes.
Ce sont des thérapies beaucoup plus courtes, genre dix séances...
Je dors là, je te signale.
Bon... tu as aussi la relaxation et la thérapie de la communication,
...mais je suppose que ça ne t'intéresse pas non plus...
Nan.
J'aime ni me relaxer ni communiquer.
Ça suffit ! T'as pas besoin de réfléchir, je connais une psy très bien qui en plus est PSYCHANALYSTE le top !
Fais-moi confiance, Émilie, madame Soulac est unique !
Madame qui ?
SOULAC ! Une vieille psychanalyste, elle a au moins 80 ans. Ma sœur la voit depuis des années, elle est géniale !
Elle a bossé avec LACAN !
Il paraît même que dans sa jeunesse elle est sortie avec Mick Jagger.
Quoi ?

La psychanalyse

C'est une méthode d'investigation psychique...

QUI VOUS AMÈNE À REVISITER VOTRE HISTOIRE JUSQU'À L'ENFANCE.

...EN METTANT EN LUMIÈRE LES PROCESSUS INCONSCIENTS.

LA BASE DU TRAVAIL SE FAIT SUR LA

PAROLE.

L'ANALYSTE SE SERT ENTRE AUTRES DES LAPSUS COURANTS DANS LE DISCOURS POUR Y DÉCELER LA VOIX DE L'INCONSCIENT.

UN LAPSUS EST UNE ERREUR DE LANGAGE PAR LAQUELLE UN MOT SE GLISSE À LA PLACE D'UN AUTRE.

ON EN DISTINGUE DEUX TYPES : LE LAPSUS LINGUAE QUI S'EXPRIME ORALEMENT : « JE VAIS MOURIR LE CHAT ».

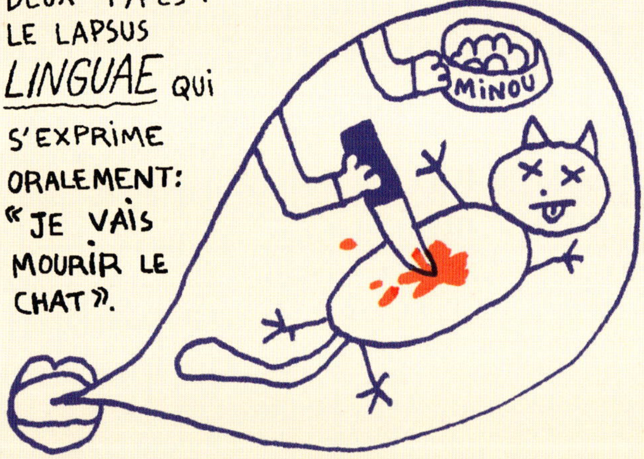

LE LAPSUS CALAMI

QUI S'EXPRIME À L'ÉCRIT.

LE LAPSUS EST COMME UN BUG DU CERVEAU QUI PERMET À L'INCONSCIENT DE SE MANIFESTER EN CONTOURNANT LE BARRAGE DE LA CONSCIENCE.
← bug
L'ACTE MANQUÉ FONCTIONNE DE LA MÊME MANIÈRE.
L'ANALYSTE S'EN SERT ÉGALEMENT POUR CONDUIRE LE PATIENT VERS SA PENSÉE SOUS-JACENTE.
L'ANALYSTE NE DONNE PAS DE CONSEILS. IL LAISSE L'INCONSCIENT S'EXPRIMER.
?
pute
LE BUT D'UNE PSYCHANALYSE EST DE SE CONNAÎTRE...
...ET DE SE RÉCONCILIER AVEC SOI-MÊME.
Tout ça sur un divan ? On ne s'endort pas ??
T'en fais pas pour le divan ! C'est pas systématique.
Ma soeur elle est assise sur une grande chaise. Y a pas de divan chez Soulac !
Faut que tu sortes de tes clichés, Émilie. Y a plein de gens qui vont mieux après une psychothérapie, quelle qu'elle soit !

DING DING DONG
VOOO
OOON
À la semaine prochaine, Docteur.
HUM... Bonjour.
Bonjour.

Entrez, mademoiselle.
Asseyez-vous, je vous prie.

POF

to Lady Soulac ♡ Mick
scriiitch
iiitch
Je viens d'avoir trente ans...
scriii —tch
...et j'ai envie de mourir tellement je n'arrive à rien dans ma vie.

Très bien.
CLAP
Si vous êtes d'accord on se revoit la semaine prochaine.
Même jour, même heure.
Euh... oui, très bien. Je vous dois combien ?
Ce que vous voulez.
?
Vous pouvez me régler en bijoux, choux, hiboux ou cailloux.
Pardon ??
Lequel de ces mots vous a choquée ?
Euh ...
AH AH AH
Je plaisantais.
Donnez-moi ce que vous voulez.

L'important étant que vous donniez quelque chose qui compte pour vous.
Vous devez vous sentir investie dans votre travail.
DOLIPRANE 2000
Pas forcément de l'argent ?
Non. Pas forcément de l'argent.
Fuck money !!
Pas de chewing-gums quand même !
À la semaine prochaine, Mlle Geoly.

Bonjour, madame !
Bonjour, Mme Geoly. Tout se passe bien comme vous voulez ?
Très bien, Mme la Directrice, merci.
...Elle leur fait même porter le bonnet d'âne.
NoOn!!

Il faudrait intervenir ! Ne peut-on agir ?
Non hélas.
Seules les multi-nationales ont le pouvoir sur cette Terre.
Alors ?
Tu l'as vue ?
oui.
...et j'y retourne la semaine prochaine.
Super !
Comment tu te sens ?

Que nous est-il arrivé ?
On était tellement heureux quand on avait leur âge...
C'est vrai.
BiBA BAA BOU
TROIS P'TITS CHATS CHATS CHATS
YAHH! AAAA AAHH AAAAA BOU
On va te supprimer tes allocs. HA HA !
T'es si grosse que tu pisses de la purée !
Ta gueule l'anorexique ! Tu chausses du deux !!
Remonte dans ton arbre bamboula !
Sales djihadistes
Pédés !
Retourne en Juiverie sale sioniste !!
mon Dieu si Tu existes Parle-moi...

DING DING DONG
À la semaine prochaine, Docteur.
CHARLIE HEBDO
Bonjour.
Bonjour.

scriitch
CLIC

Comment allons-nous aujourd'hui ?
Bien bien.
Ça va bien.
scriich

to Lady
Mick
PAINT IT BLACK
AH AH Yeah AH AH
Dites-moi ce qui vous traverse l'esprit, là, sans réfléchir.
Euh...
Je pensais à mon petit ami...
Poursuivez.
On se sépare en ce moment ... enfin... je crois.
Oui?
scriich

Ma vie amoureuse est un désastre. Je me retrouve toujours avec des grands types qui sont pires que des gamins. Mais y a rien à faire, je ne suis attirée que par ceux-là...
Pfff
...
... juste parce qu'ils sont très grands. C'est stupide, non ??
Pfff
Voyez-vous, comme je suis complexée par ma petite taille, je ne supporte rien de ce qui est petit...
Pfff
D'ailleurs, avant je peignais... et toujours sur des toiles immenses.
... ce qui me collait le vertige... Alors j'ai fini par peindre à plat ventre sur mes toiles couchées.
J'ai arrêté tout ça, trop stressant !
... À présent je suis stressée de ne plus peindre...
Pfff
Mais qu'est-ce qu'elle raconte.
Enfin bref. Depuis je suis devenue institutrice.
... enfin... Prof' des Ecoles. Ça plaît à mes parents, c'est déjà ça...

Parlez-moi d'eux.
De mes parents ? HA HA !! Vous voulez me faire parler de mon complexe d'Œdipe et de mes stades génitaux ?
Pfff vous ne savez même pas de quoi vous parlez, petite sotte !
Pardon ?
On va s'arrêter là pour aujourd'hui.
Ah oui, bien sûr.
AH oui pardon !

Bah justement, je vous ai apporté la reproduction d'un de mes tableaux.
L'original fait 2m sur 3, je me suis dit qu'il n'entrerait pas dans votre placard.
C'est pas plus mal que j'aie arrêté de peindre hein ?
À la semaine prochaine, Melle Geoly.
BLAM
C'est une vraie connasse ta soulac.
→to Mickael

Allez, Geoly Jumper, on rentre !
J'AI FROID.

Pfff ! N'importe quoi !!
Putainmerde

PAUSE
zizi
prout
caca

Quand dans l'antre du Mal
Jouit le ventre du mâle
Sale est le monde
Râle mon être immonde.

...je n'ai rien à leur reprocher...
mes parents sont tellement gentils...
Pourtant des fois j'ai envie de leur casser la gueule.
Pourquoi cette colère ?
Mais pour rien justement ! Je n'ai aucune raison d'être en colère après eux !
Ma soeur par contre, je crois que je la déteste.
Elle est tellement grande, tellement parfaite !
Comme mes parents. Ils sont tous grands dans la famille, vous voyez ?

D'ailleurs, je me suis toujours demandé si je n'avais pas été adoptée.
...
En fait, je voudrais qu'ils meurent tous.
C'est horrible de penser ça... SNIF! Je ne sais pas pourquoi je pense des trucs pareils... SNIF!
Je suis monstrueuse ...et puis je me plains tout le temps, alors qu'au fond SNIF!... ça va! J'ai tout pour être heureuse si on SNIF! compare à plein de gens...
Samedi SNIF! je déjeune chez mes parents avec ma soeur. Je ne peux pas leur dire que SNIF!
...je déteste ces repas de famille SNIF!
C'est bizarre tout de même cette tortue SNIF! dans votre cabinet.
Elle s'appelle "Mickie."

Elle symbolise la patience et le temps nécessaires au processus thérapeutique.
Regardez comme elle avance doucement, pas à pas.
Il faut prendre le temps de se comprendre, mademoiselle Geoly.
Ça fait un bien fou ce que vous m'expliquez là. C'est très intéressant.
POUETTE
Bien. Elle a fini de pleurnicher ?
Pardon ?
On va s'arrêter là pour aujourd'hui.
Voilà pour vous.

Emilie
Allô, Professeur Gougueul ?
À votre service j'écoute ?
C'est Emilie.
Ben oui, je sais. Je suis content que tu m'appelles.
Je voulais te demander : c'est normal que la psy soit méchante ?
KEU
KEU
SNIF!
MATCH
Ou c'est juste qu'elle me déteste ?
T'inquiète pas, tu fais sûrement un transfert.
?
AAGLA
GLA
GLA

Le psychanalyste fonctionne un peu comme une poubelle

sur qui le patient va plaquer les caractéristiques des gens qui ont compté dans son histoire.

Le psychanalyste rejoue avec son patient les relations qu'il entretient avec ces personnes. Le travail consiste ensuite à analyser ces relations pour les comprendre.

Dans le cas présent, Emilie trouve sa psy méchante. Madame Soulac lui donne l'impression de la juger et la mépriser…

…Mais en réalité, à qui Madame Soulac lui fait-elle penser ? Qui dans son histoire la juge et la méprise ?

Le transfert te permet de retraverser tes ressentis, d'en prendre conscience...
pour te débarrasser de tout ce qui te pèse et te gâche la vie. Tu comprends ?
Pfff
Ou alors c'est juste une grosse conne qui me déteste vraiment...
Oui, c'est une autre hypothèse envisageable.
Personne suivante.
Bonjour, Docteur !!
Ah. Encore vous.
OTIONS
PROM
MAXI PRIX

TÉLÉ+
9,90€
9,90€
7,59
BIP

ALERTE ROUGE en caisse 12 : j'ai une toxico qui prépare un délit de fuite.
Bonjour. Quatorze euros quatre-vingt-dix, s'il vous plaît.
Eh bah ! De mon temps du franc ça coûtait bien moins que ça !!
AH ça ! On s'est bien fait niquer la gueule avec leurs zeuros !!
Vous avez la carte du magasin ?
Pardon... je suis ... agoraphobe ... ça n'est rien...
ça va passer...
Fausse alerte Jeff. Tout va bien.
J'ai vu une émission sur des malades mentaux comme vous, c'était très émouvant.
Et moi j'ai vu une série où on décapitait les cons comme vous, c'était très émouvant aussi.

HOPLA!
indy mode
CORDONNERIE CLES MINUTE
Créa'tiff
Emilie, ma chérie !!
Voilà la plus belle !
CB : 15€
Salut, ma puce. Encore cette tenue de vieille fille ?
Un caddie pour si peu ? Tu as le sens de l'effort Mimie Jolie !
...mais on plaisante, on t'aime comme tu es, mon ange !!
Je sais, maman, c'est gentil.
Va rejoindre ta soeur à la maison. On vous retrouve juste après la ferme-ture.
Et ne faites pas de bêtises, hein ?!

Papa, je n'ai plus 6 ans !
Pour nous, tu seras toujours notre bébé, Emilie.
Salut, p'tite soeur !
Salut, Thérèse.
Achille, Clovis !
Faites un bisou à Tata Mimi.
non.
J'ai dit « faites un bisou à Tata Mimi. »
Si vous ne faites pas de bisou, je confisque les doudous.
non non non.

Attention, maman va se fâcher tout rouge.
Laisse tomber ! Ne les force pas, c'est pas grave.
HA HA ! Regarde comme ils sont mignons mes deux affreux !
On dirait leur père ! HA HA !
PAF
Il n'est pas là, Stéphane, d'ailleurs ?
Non, il a une réunion.
Un samedi ?
Mais oui, y en a qui bossent !
Tout le monde n'a pas la chance d'être fonctionnaire.
gna gna gna.

gnagnagna
OUUIN
Bon. Laisse-moi tranquille avec tes enfantillages. J'ai des responsabilités, moi.
OUUIN
OUUIIN
Oh Athéna, ne pleure pas. Maman va donner tétée à bébé.
OUUIN

Tu sais, ma chérie ...
tu n'es pas obligée de mettre tous ces coussins à chaque fois !
Je sais maman, mais moi je préfère. Je me sens mieux comme ça.
C'est complètement ridicule, mais tu fais comme il te plaît, mon chaton.
Bon. Qui reprend du gigot ?
C'est pas en bloquant sur tes complexes que tu vas avancer dans la vie, p'tite soeur.

Thérèse n'a pas tort !
Regarde : elle est plus jeune que toi et elle nous a déjà fait trois petites merveilles.
TAP TAP
PROUT
Effectivement, ça donne envie !
N'est-ce pas ?
OH ÇA VA !! On le sait qu'elle est parfaite ma soeur.
POC
Enfin... pas tout à fait, parce que s'appeler THÉRÈSE à 27 ans, ça craint !
OoOH Emilie !
Faut pas s'énerver comme ça, Emilie Jolie...
HAHA ! Remarque, choisir "Emilie" avec le nom de famille qu'on a, c'était une bonne idée aussi.
BRAVO les parents !!

Mais enfin, Emilie, qu'est-ce qu'il t'arrive ?
Laisse, maman, elle fait encore sa crise d'ado.
On peut manger tranquillement maintenant ? Martine s'est donné du mal pour nous préparer un bon gigot !!
C'est vrai que vous vous êtes encore RUINÉS pour nous, mes pauvres parents...
Tu exagères, Emilie ! Tu sais très bien qu'on a toujours tout fait pour que vous ne manquiez jamais de rien !
OH ÇA VA hein ! On la connaît votre rengaine du sacrifice !

Tenez.
50 euros
PAF
Vous n'avez qu'à vous rembourser là-dessus !
J'ai les moyens depuis que je suis fonctionnaire !
BLAM
PAF
Et aussi : allez TOUS vous faire ENCULER !
BLAM

ROU ROUuu

jemappelle Emilie GEOLY
jemappelle Emilie GEOLY
jevoudraispartiravecvous
toutauboutduCIEL
survosAILES
CLÉS-MINUTE 2000

Et là ...
... je leur ai dit d'aller tous se faire enculer !!
Je me dégoûte !!
Je suis qu'une bouse !!!
« bouse » ?
OH, laissez tomber avec vos associations d'idées. Je n'suis pas d'humeur à rebondir.
Bien. Reprenons à propos de vos parents.
Trouvez-vous ça gentil ?
Quoi « ça » ?
Vous m'avez dit qu'ils étaient gentils avec vous. Alors je vous demande :
trouvez-vous gentil ce que vous ont dit vos parents samedi ?
Mais de QUOI je me mêle enfin ??
Et puis vous m'énervez avec vos grands airs !
Votre grandeur même m'énerve !!

Ça vous fait penser à qui ?
AH tiens ! Le fameux coup du transfert !! C'est tellement prévisible.
À qui ?
À tout le monde, merde ! À tous ces CONS d'adultes.
N'êtes-vous pas adulte vous-même ?
Non !
Je suis minuscule ! Rien qu'une sale gamine !
Depuis toujours ?
Depuis mes six ans, au moins...
Pourquoi cet âge-là ?
...Je ne sais pas...

...J'avais complètement oublié cette histoire...
Notre chien avait disparu et papa s'était absenté très longtemps... dix jours... peut-être un mois...
Et votre mère ?
... ...Je crois qu'elle est restée couchée tout ce temps-là... J'ai dû m'occuper de ma soeur et de ma mère.
On n'allait plus à l'école en tout cas...
Un enfant privé d'enfance a peut-être du mal à devenir adulte, mademoiselle Geoly.
Bien. On va s'en tenir là pour aujourd'hui.

Voilà pour vous.
Allô, maman ?
Allô, ma chérie !! Ça va mieux ?
On s'est fait un sang d'encre après ton départ.
J'appelais justement pour m'excuser... Je ne sais pas ce qui m'a pris... la fatigue sans doute...
Je suis stressée par le boulot en ce moment...
Ah ben c'est plutôt nous qui devrions nous plaindre ! On travaille tous les jours et on n'a ni tes vacances ni ton salaire !!
...
Oui, bon. J'ai quelque chose à te demander, tu as cinq minutes ?
Oui, je t'écoute, ma puce.

Tu te rappelles le jour où Croquette a disparu ? Papa aussi a disparu... pendant plusieurs jours... tu te souviens ?
Maman ?
Oui oui... je suis là.
Alors ?
Que s'est-il passé ? Pourquoi étais-tu tout le temps couchée ?
Et papa, pourquoi est-il parti ?
J'étais un peu malade... mais je ne me souviens plus...
Tu viens avec ton petit ami samedi ?
On n'est plus ensemble.
Réponds-moi, j'ai besoin de savoir !!
Dommage, il avait l'air gentil celui-là...
Réponds, maman !
Tu demanderas à ton père.
RACCROCHE
BIP
Maman ?

Ne va pas ennuyer ta mère avec de vieilles histoires, Emilie.
Oui mais moi, j'ai besoin de comprendre ce qui s'est passé.
Mais rien voyons !
Ta mère était juste un peu déprimée à cause de nos problèmes d'argent... C'est tout !
La pizzeria avait fait faillite, nous étions ruinés. C'était une époque très dure
PIZZA GEOLY
CLIC
Je sors chercher du pain.
Et toi, tu t'es tiré en nous laissant seules toutes les trois !!
Je suis parti trouver des solutions ! J'avais besoin d'y voir plus clair !
J'avais six ans, papa !! C'est un âge pour s'occuper de sa mère et de sa petite soeur selon toi ?
Tu as raison, j'ai eu tort. On s'est pas rendu compte, on était submergés par nos problèmes.
Et Croquette ?

ÉTERINAIRE
Je suppose qu'il n'est jamais allé en « colonie de vacances pour chiens » ?
Nous n'avions plus les moyens de lui acheter ses croquettes alors nous avons été obligés...
BIP

Cas typique de souvenir refoulé
On essaie tous d'oublier le souvenir des expériences désagréables.
LE SOUVENIR REFOULÉ EST UN PETIT MALIN QUI S'EST GRAVÉ DANS L'INCONSCIENCE EN ÉCHAPPANT À LA CONSCIENCE.
CE SOUVENIR CACHÉ VA POURRIR LA VIE DE SON HÔTE
ET INFLUER SUR SA MANIÈRE DE RESSENTIR OU D'AGIR, CE QUI CRAINT VOUS EN CONVIENDREZ.
CES PETITES VÉROLES VONT ENGENDRER DES TONNES DE TROUBLES PSYCHOLOGIQUES ET MÊME PHYSIQUES.
mélancolie
mal de dos
hypocondrie
hystérie
insomnie
anxiété
amnésie
L'INCONSCIENT AGIT COMME VOTRE DOUBLE TAPI DANS L'OMBRE QUI, AVEC SES PROPRES DÉSIRS, VOUS MANIPULE À VOTRE INSU.
Niark Niark

C'EST LÀ QUE LA PSYCHANALYSE VOLE À VOTRE SECOURS EN ALLANT DÉBUSQUER L'ANIMAL.

MONSIEUR FREUD (1856-1939), FONDATEUR DE LA PSYCHANALYSE, A DÉCOUVERT UN MOYEN DE DÉCRYPTER L'INCONSCIENT : AU TRAVERS DES LAPSUS, DES RÊVES ET AUTRES FAILLES DE LA CONSCIENCE.

REMONTER LE FIL DU SOUVENIR JUSQU'AUX ÉVÉNEMENTS TRAUMATISANTS EST ESSENTIEL : CELA PERMET DE COMPRENDRE QUE LES SENTIMENTS ET RÉACTIONS VÉCUS AU PRÉSENT NE SONT PAS NÉCESSAIREMENT LIÉS AU MONDE MAIS BIEN À NOTRE HISTOIRE PERSONNELLE.

EN PRENDRE CONSCIENCE A UN EFFET THÉRAPEUTIQUE CERTAIN !

Nous ne sommes peut-être pas les seuls fautifs...
...de nos fragilités.
Prendre conscience de cela aide à retrouver confiance en soi.
HA HA HA
Salut !
C'est qui ?
Bah... comme tu as dit qu'on n'était plus que colocataires,
j'ai refait ma vie.
Tu regardes souvent la télé, toi ?
Non, pas trop.

Je préfère lire en général.
Ça me rassure ! Je ne supporte pas les mecs qui passent leur vie devant la télé.
...Ou pire, ceux qui jouent à la console !!
Ah oué, les nazes !
C'est un début pour apprendre à s'aimer tel que l'on est.

5999€!
ACHETEZ VENDEZ LOUEZ
5999€
ACHETEZ VENDEZ LOUEZ
DETOX
BIEN-ÊTRE
cave + box + loc. vélo
Tél : 06 18 187 20
LOCATION
Joli appartement/atelier idéal jeune artiste fonction-naire. Chages modérées. loyer tranquille.
Tél : 06 1000 10 01
LOCATION
app. atypique, parquet ancien, moulures, en souplex. Lumineux.
loyer : 1200€
TOC TOC
OOOOH Coucou le chat !!!

ROUUURR
Pardonne-moi, le chat.

RouQuette Rojzman

Remerciements Anne Rouquette :

Merci à Charlotte pour sa relecture attentive,

à Théa pour sa belle énergie et
à Nicolas pour tout.

Remerciements Théa Rojzman :

Un immense merci à Yan Lindingre qui a fait naître
ce projet et a su choper le champagne au frais.

À Anne Rouquette, pour son talent, son génie humoristique,
son amitié et parce qu'elle a tout compris tout de suite.

À Vincent Solé pour avoir dit "oui" et la suite.

À tous les "quelqu'un" que les gens "voient", certains croisés personnellement
pour le meilleur et parfois le pire, ce qui m'aura au moins permis d'en rire.

Merci enfin à Fabrice Caro pour au moins
trois raisons auxquelles s'ajoute son Wouwou.

DES MÊMES AUTEURES

Théa Rojzman

Mourir (ça n'existe pas)
Éditions La Boîte à Bulles, 2015

Chacun porte son ciel
Éditions Le Moule à Gaufres, 2012

Sages comme une image
Éditions Les Enfants Rouges, 2010

Le Carnet de Rêves
Éditions La Boîte à Bulles, 2009

La Réconciliation
avec Charles Rojzman
Éditions JC Lattès, 2007

Anne Rouquette

Bons, mauvais, grands et petits joueurs
Éditions Lito, 2008

Duo
scénario Anne Barrois
collectif
Fluide .G, 2009

Histoires de Filles
scénario Anne Barrois
Fluide .G, 2011

Retour au village
collectif
Neutrino / Le Simo, 2011

Éditions Audie, 87 quai Panhard & Levassor, 75647 Paris cedex 13.
Imprimé et relié par Pollina - L71489, France. Dépôt légal août 2015. Première édition.
Diffusion France et étranger : Flammarion.
www.fluideglacial.com